Wolfgang Hensel

Deine Zwergkaninchen

KOSMOS

Krümel liebt knackige Möhrchen.

Das solltest du wissen

➔ Zuerst etwas für deine Eltern

Liebe Eltern! Ein Zwergkaninchen ist kein Stofftier, sondern ein lebendes, empfindsames Wesen. Auch wenn Ihr Kind seine Tiere noch so sehr lieb hat, ermahnen Sie es, stets vorsichtig und rücksichtsvoll zu sein und unterstützen Sie es bei der Versorgung, Pflege und Fütterung.

➔ So macht du alles richtig

Wenn deine Zwergkaninchen ins Haus kommen, lass ihnen etwas Zeit. Sie müssen sich erst an dich und dein Zimmer gewöhnen.

Achte stets darauf, dass Käfig, Futterschale und Tränke sauber sind.

Füttere deine Zwergkaninchen regelmäßig und abwechslungsreich.

Auch Zwergkaninchen brauchen ihre Ruhe. Danach werden sie umso lieber mit dir spielen. Wenn du unsicher bist, frage deine Eltern, den Verkäufer im Zoogeschäft oder den Tierarzt.

Das sind meine Zwergkaninchen

In der freien Natur buddeln sich Kaninchen gemütliche Erdhöhlen. Darin leben viele Tiere zusammen. Allein fühlen sie sich einsam. Jetzt bist du ihre neue Familie: Aber wenn du viel mit ihnen spielst, werden sie glücklich sein.

Meine Zwergkaninchen heißen ..... *Pauli + Mia* ....

..... *Pauli* .... ist ein Männchen / ~~Weibchen~~

..... *Mia* .... ist ein Männchen / Weibchen

Ich habe sie bekommen am ..... *13. August 2002* ....

Ihre Rasse heißt ....

Sie sind ..... *ca. 9* .... Wochen alt.

Im Buch sind viele Möhren versteckt.

Hier kannst du ein Foto deiner Zwerge einkleben oder Zwergkaninchen malen, die dir gefallen.

Der erste Tag mit meinen Zwergen

Heute holst du deine Zwerge ab. Für dich ist die Autofahrt nichts Besonderes, für die Kaninchen aber ein großes Abenteuer. Es ist kein Wunder, wenn sie bei dir zu Hause noch sehr ängstlich sind und in der Transportbox hocken bleiben.

➜ Leg ihnen reichlich frisches Heu in die Raufe, dann fühlen sie sich gleich wohl.

Wusstest du ...
Es ist ziemlich schwierig, das Geschlecht eines jungen Zwergkaninchens festzustellen. Der Zoohändler kann das für dich tun. Am besten vertragen sich zwei junge Weibchen, aus einem Wurf. Pärchen bekommen rasch Nachwuchs! Der Tierarzt weiß ein sicheres Mittel dagegen.

➜ Für den Transport gibt dir der Zoohändler eine spezielle Transportbox. Darin ist es dunkel wie in einer Kaninchenhöhle. So fürchten sich die Zwerge nicht zu sehr vor der ungewohnten Autofahrt.

Auf dem Weg vom Zoogeschäft bis zu dir nach Hause bleiben die Zwerge in ihrer Transportbox. Lass die Box zu und deck sie zum Schutz vor starker Sonne ab. Im Winter musst du die Box mit einem Handtuch vor Zugluft schützen.

Beobachte deine Zwergkaninchen

Zu Hause angekommen, kannst du die Transportbox öffnen, in den Käfig stellen und deine Zwergkaninchen beobachten.

? Wie lange bleiben sie in der Transportbox hocken? 20 Min (Mia)
Pauli 1 Std.

? Wer steckt seine Nase als Erster heraus? ....
Mia

? Was tun sie als Erstes? ins Schlafzimmer geschlüpft, Heu fressen

? Erkunden sie ihr Schlafhäuschen? Ja

? Machen sie zuerst ein ausgiebiges Schläfchen? ....

? Mögen sie die Möhrenstückchen, die du ihnen hingelegt hast? ....

? Trinken sie aus ihrer neuen Tränke? ....

? Rennen sie in ihre Schlafhäuschen, wenn du sie zu streicheln versuchst?
....

Sobald deine Zwerge in ihrem Käfig herumhoppeln, sich putzen und alles beschnuppern, kannst du ihnen vorsichtig aus der Hand ein Apfelstückchen geben. Rede leise mit ihnen, dann gewöhnen sie sich an deine Stimme. Wenn sie sehr ängstlich sind, musst du ihnen noch etwas Zeit geben, bis du sie streicheln kannst.

„Wo sind meine Möhrchen?"

Das brauchen meine Zwerge

Zwerge sind ständig in Bewegung. Am liebsten tollen sie quer durch ihren Käfig, dann fühlen sie sich wohl. Welche Dinge sind sonst noch in ihrem Käfig?

Nippeltränke
Zwergkaninchen trinken aus einer Nippeltränke.

Ein Käfig für zwei Zwerge
Ein geräumiger Käfig ist 100 x 60 x 50 cm groß. Darin haben zwei Zwerge Platz. Er hat eine abnehmbare Bodenschale, die man gut reinigen kann. Sie wird immer mit frischer Einstreu gefüllt.

Schlafhäuschen

Manche Schlafhäuschen haben schräge Wände. Darauf können deine Kaninchen herumklettern. So wird ihnen nie langweilig. Jeder Zwerg braucht sein eigenes Häuschen. Wenn du willst, kannst du ihre Namen mit ungiftiger Farbe darauf schreiben.

Futternapf und -automat

Frisches Futter bekommen sie in einem hohen, stabilen Napf, Fertigfutter aus einem Futter-automaten für Nagetiere.

Außerdem mögen Zwergkaninchen gern

eine Futterraufe für Grünfutter
eine Raufe für Heu
Nageholz für die Zähne
Mineralienleckstein

Die Zwergenwohnung

Hier erfährst du, wie du die Wohnung für deine Zwerge einrichtest. Wenn deine Zwergkaninchen bei schönem Wetter im Garten spielen dürfen, fühlen sie sich besonders wohl.

„Möhrchen, wo seid ihr?"

 Nun stellst du **das Schlafhäuschen** hinein.

➡ Zuerst wird **der Boden** des Käfigs dick mit frischer Streu aufgefüllt.

➡ Nachdem du die Treppe oder anderes Spielzeug hineingestellt hast, wird **das Gitter** aufgesetzt.

➡ Zum Schluss kommt eine saubere **Futterschale** mit frischem Futter hinein.

➡ In diesem **Gehege** können deine Zwerge wunderbar im Garten spielen. Das Netz schützt sie vor Katzen und Raubvögeln.

So werdet ihr Freunde

Zwerge sind nur am Anfang vorsichtig und scheu. Es ist aber ganz leicht, ihr Vertrauen zu gewinnen. Du brauchst allerdings Geduld, dann werden sie rasch zu deinen Freunden.

➡️ Jetzt spielt dein Kaninchen. Am besten schaust du ihm zu und lässt es ganz in Ruhe.

➡️ Wenn du dich ganz klein machst, hat dein Zwerg keine Angst und kann dich ausgiebig beschnuppern.

→ Auf einer solchen Treppe kann dein Zwerg zeigen, wie sportlich er ist. Bewegung tut ihm gut, sonst wird er zu dick und träge.

→ Das war anstrengend! Dein Kaninchen ruht sich aus. Nun ist eine gute Gelegenheit, es vorsichtig zu streicheln.

So klappt es bestimmt

1 Leg dich vor den Käfig und rede leise mit deinen Zwergen. Wenn sie deine Stimme kennen, lassen sie sich leichter anlocken.

2 Biete ihnen Apfel- oder Möhrenstückchen an. Deine Zwerge mögen es, wenn du leise und behutsam bist. Sie erschrecken sehr leicht.

3 Wenn dich deine Zwerge richtig gut kennen, werden sie sehr zutraulich. Nun nehmen sie das Futter ohne Scheu direkt aus deiner Hand.

4 Streichele deine Zwerge immer zart und vorsichtig — mit dem Fell, vom Kopf in Richtung zum Schwanz.

Freilauf im Kinderzimmer

Inzwischen seid ihr die besten Freunde — du und deine Zwerge. Jetzt können sie auch dein Zimmer erkunden. Allerdings dürfen sie nie allein bleiben, sonst stellen sie vielleicht Unsinn an.

Sieht dein Zimmer so ähnlich aus, wie hier gezeichnet?

Wenn nicht, dann male deinen eigenen Plan auf ein Blatt. Zeichne ein, wo der Käfig deiner Zwerge steht. Nun kannst du Zwergkaninchen-Detektiv spielen. Wohin rennen deine Kaninchen zuerst? Nehmen sie immer dieselben Wege? Trag ihre Wege in den Plan ein.

Vorsicht!

Zwergkaninchen sind sehr neugierig und sehr flink. Achte darauf, dass

➜ sie keine Elektrokabel anknabbern können.
➜ alle Türen und Schubladen geschlossen sind.
➜ Balkontüren und Fenster geschlossen sind.
➜ keine giftigen Pflanzen im Raum stehen.

Mein Lieblingplatz

Haben deine Zwerge Lieblingsplätze? Wohin verkriechen sie sich am liebsten?

....

....

....

....

....

Dumm gelaufen!

Leider sind Zwergkaninchen nicht immer sauber. Es kann passieren, dass sie vor lauter Aufregung dein Zimmer für ein Klo halten. Am besten stellst du ihnen eine flache Plastikschale mit etwas Streu aus dem Käfig hin. Belohne sie mit einer Leckerei, wenn sie diese Toilette benutzen, oder setze sie hinein. Sicher gewöhnen sie sich bald daran.

„Hast du vielleicht meine Möhren gesehen?"

Lieblingsspiele

Die meisten Zwerge sind sehr neugierig und denken sich selbst Spiele aus. Deine auch? Am meisten lieben sie gemeinsame Spiele. Mit dir spielen sie besonders gern.

➡️ Leg ein **Apfelstückchen** auf das Häuschen. Was machen deine Zwerge?

➡️ Ein **Wurzelholz** oder eine Tonröhre sind eine prima Höhle.

→ Manche Kaninchen **spielen** sogar Ball.

Bau deinen Zwergen eine **Formel-1-Strecke** auf. Röhren und Höhlen lieben sie ganz besonders. Lock sie mit Leckerbissen um die Hindernisse. Wer ist der Schnellste von ihnen?

Die Zwergkaninchensprache

Auch Zwerge sprechen. Allerdings nur sehr leise. Wenn du genau hinsiehst und zuhörst, wirst du bald verstehen, was deine Zwerge dir erzählen. Die Zwergkaninchensprache ist ganz leicht zu lernen.

 Wenn sich dein Zwerg hoch aufrichtet, ist er neugierig. Vielleicht hat er etwas Interessantes gehört oder riecht sein Futter.

Die wichtigsten Sätze in „Zwergisch"

Mahlende Geräusche
„Ich bin zufrieden."
Leises Fiepen
„Lass mich in Ruhe."
Fauchen
„Vorsicht, ich bin wütend."
Futternapf schieben
„Ich habe Hunger."

Zwergkaninchen können sich aber auch ohne Töne verständigen. Sie benutzen ihre Nasen, die Beine und den ganzen Körper. Die anderen Kaninchen verstehen sie gut. Du auch?

Was machen deine Zwerge, wenn du ins Zimmer kommst?

....

Wann schnuppern deine Zwerge am Boden?

....

Wann klopfen sie mit den Hinterbeinen auf den Boden?

....

➡ Die beiden kuscheln behaglich, wie in einer Kaninchenhöhle. So können sie sich beschnuppern und die Wärme des anderen spüren.

➡ Schnuppern am Boden ist ein sicheres Zeichen: Dein Zwerg hat etwas gerochen und versucht nun herauszubekommen, was das wohl ist.

Futter und Leckereien

Zwerge essen alles, was frisch und knackig ist. Vor allem lieben sie Pflanzen, Gemüse und Früchte. Aber auch Fertigfutter und vor allem Heu schmeckt ihnen. Außerdem brauchen sie stets frisches Wasser.

„Ich habe Hunger."

Macht fit und schlank	Macht dick und krank
Fertigfutter	Rohe Kartoffeln
Heu	Rohe Bohnen
Frische Wildpflanzen	Kohl
Ungespritztes Obst	Grüner Salat
Nicht blähendes Gemüse	Altes Brot
Nagerholz	Süßigkeiten und Kuchen

→ Echte Genießer

Deine Zwergkaninchen sind richtige Genießer. Am liebsten mögen sie ihr Futter geschält, trocken und in kleine Stücke geschnitten. Dann schmeckt es ihnen erst richtig.

→ Leckerbissen

Möhren, Äpfel, Paprika und Gurken knabbern deine Zwerge besonders gern.

→ Und so bleiben sie gesund

Alle Zwerge haben einen „Trick", damit sie gesund bleiben: Sie essen einen Teil ihres Kotes, den vorverdauten Blinddarmkot! Das ist für Zwergkaninchen überhaupt nicht eklig. Dieser Kot enthält nämlich wichtige Vitamine und Bakterien, die sie gesund erhalten.

Das mögen meine Zwergkaninchen am liebsten

....

....

....

....

....

Ein Zwergkaninchentag

Jeden Morgen, wenn du aufgestanden bist und dich gewaschen hast, beginnt dein Tag mit dem Frühstück. Danach musst du in die Schule. Wie verbringen eigentlich deine Zwerge ihren Tag? In den Ferien kannst du herausfinden, was sie den Tag über machen.

So verbringe ich meinen Tag

So verbringen meine Zwerge ihren Tag

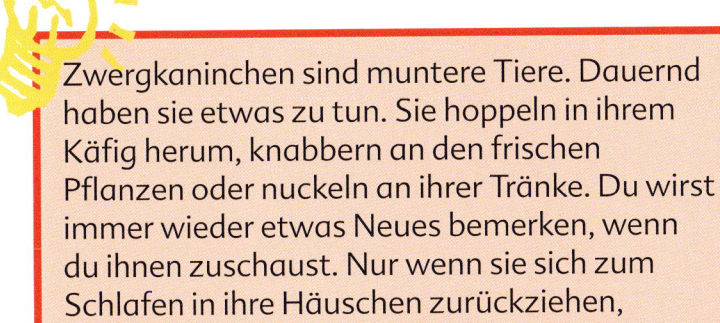

Zwergkaninchen sind muntere Tiere. Dauernd haben sie etwas zu tun. Sie hoppeln in ihrem Käfig herum, knabbern an den frischen Pflanzen oder nuckeln an ihrer Tränke. Du wirst immer wieder etwas Neues bemerken, wenn du ihnen zuschaust. Nur wenn sie sich zum Schlafen in ihre Häuschen zurückziehen, möchten sie ihre Ruhe haben.

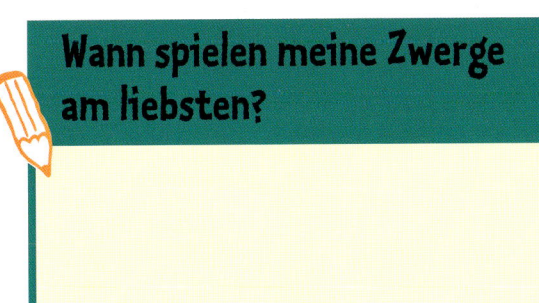

Wann spielen meine Zwerge am liebsten?

Mit allen Sinnen

In der freien Natur sind Kaninchen ständig Gefahren ausgesetzt. Deshalb haben auch deine Zwerge sehr feine Augen, Ohren und eine sehr feine Nase. Teste, was sie alles können.

„Wenn das nicht nach Möhrchen riecht ...“

➜ Kleine Schnüffelnasen

Viele Dinge erschnuppern Zwerge mit ihrer Nase. Baue deinen Tieren eine Rennbahn und lege ein paar Leckereien hinein. Wie schnell finden sie ihre Belohnung?

➜ Rundumsicht

Zwergkaninchen sehen in der Nähe nicht besonders gut. Ihre Augen können jedoch rundum und bei Dunkelheit sehen. So entdecken sie jeden Feind schon aus großer Entfernung.

➡ Leckermäulchen

Wie gut können deine Zwerge schmecken? Biete ihnen Gemüse und Obst an: geschälte Gurken, Fenchel, Birne, Grapefruit, eine Leckerei deiner Wahl. Dann machst Du eine Rangliste. Nummer 1 schmeckt am besten, Nummer 5 am schlechtesten.

➡ Bewegte Löffel

Zwerge haben sehr gute Ohren. Sie sind ständig in Bewegung. Versteck einige Futterstücke in einer Schachtel und schüttele sie. Kommen deine Tiere angelaufen, wenn sie das Klappern hören?

Wildfutter sammeln

Immer nur dasselbe Essen ist langweilig. Deshalb kannst du deinen Zwergen im Sommer gesunde, frische Wildkräuter von ungespritzten, ungedüngten Wiesen sammeln. Ein wahres Festessen!

→ **Heu** ist eine wichtige Nahrung für Zwerge. Du kannst Heu im Zoogeschäft kaufen. Es macht aber viel Spaß, Pflanzen zu sammeln und als Heu zu trocknen. Besonders gut eignen sich Brennnesseln, Klee, Luzerne und Gräser. Sammle die Pflanzen und binde sie zu kleinen Sträußen zusammen. Die Sträuße werden im Freien, aber nicht in der Sonne, aufgehängt. Nach drei bis vier Tagen sind sie getrocknet.

Diese Pflanzen eignen sich als Wildfutter. Welche davon kennst du?

Beifuß ⬚

Brennnesseln ⬚

Huflattich ⬚

Kamille ⬚

Löwenzahn ⬚

Schafgarbe ⬚

Vogelmiere ⬚

Wegerich ⬚

➡ **Sammeltipps für frisches Wildfutter**

Sammle immer nur so viel, wie deine Zwerge an einem Tag essen können.

Pflanzen, die direkt an der Straße wachsen, sind oft schmutzig. Lass sie lieber stehen.

Schneide grüne Pflanzen mit einer Schere ab. Entferne trockene oder verwelkte Blätter.

Transportiere die Pflanzen in einem Korb oder einem Stoffbeutel.

Streicheln, Kraulen, Kuscheln

Zwerge sind zarte Tiere. Streichle sie zärtlich und vorsichtig. Wenn es ihnen gefällt, entspannen sie sich und schließen die Augen. Zappeln sie dagegen herum, dann mögen sie es an dieser Stelle nicht. Probier es aus!

Rücken

Den Rücken streichelst du mit der flachen Hand. Folge mit der Hand der Fellrichtung.

Ohren

Zwischen den Ohren kannst du deine Zwerge mit den Fingern streicheln. Viele genießen es da besonders.

Wusstest du...

wie man einen Zwerg trägt? Wenn deine Zwerge zutraulich geworden sind, kannst du sie auch einzeln hochnehmen und tragen. Streichele ein Tier und packe die Haut direkt hinter dem Kopf. Die andere Hand schiebst du unter sein Hinterteil. Dann kannst du es hochheben und vor deiner Brust festhalten.

Brust

Die Brust ist empfindlicher. Wie wäre es, wenn du deine Tiere hier mit den Fingern vorsichtig streichelst?

Füße und Krallen

Untersuche beim Streicheln die Füße deiner Zwerge. Spürst du die Krallen an den Vorderfüßen?

Mit Kamm, Bürste und Lappen

Zwerge pflegen ihr Fell jeden Tag. Du kannst ihnen dabei helfen, indem du ihren Käfig sauber hältst und sie regelmäßig bürstest. Das mögen sie genauso gerne wie Streicheln.

Der große Hausputz

Einstreu wechseln:
1 x pro Woche
Käfigboden auswaschen:
1 x pro Woche
Nippeltränke mit klarem Wasser spülen: jeden 2. Tag
Futterschale mit klarem Wasser spülen: täglich
Altes Grünfutter täglich entfernen

Wiegekarte

Idealgewicht: ....

Datum: ....

Gewicht: ....

➡ Täglich kämmen

Wenn du deine Zwerge beim Kämmen auf ein weißes Tuch setzt, siehst du herausfallende Plagegeister, die sich auf der Haut festgesetzt haben. Hartnäckiger Schmutz wird mit etwas warmem Wasser entfernt und der Zwerg anschließend mit einem Handtuch getrocknet. Baden mögen Zwerge überhaupt nicht.

➡ So kämmst du richtig

Mit einer weichen Bürste oder einem Pflegehandschuh streichst du vorsichtig in Fellrichtung. Durch regelmäßiges Bürsten bleibt das Fell schön weich und glänzend.

➡ Zurück aus dem Garten

Im Garten leben viele Plagegeister, die sich im Fell deiner Zwerge breit machen. Wenn die Kaninchen wieder ins Zimmer kommen, musst du sie sorgfältig absuchen. Vor allem Zecken, Flöhe und Milben sind sehr unangenehm. Sag es deinen Eltern, wenn dir etwas Ungewöhnliches auffällt.

➡ Fit und schlank

Wenn du deine Tiere nicht überfütterst und regelmäßig mit ihnen spielst, bleiben sie fit und schlank. Dennoch solltest du ihr Gewicht ab und zu überprüfen. Trage Datum und Gewicht in die Wiegekarte ein.

Gesund oder krank?

Darauf musst du achten	Gesunder Zwerg	Kranker Zwerg
Verhalten	neugierig, aufmerksam, munter	lustlos, zu ruhig
Augen	blank und klar	entzündet oder verklebt
Nase	trocken und sauber	verkrustet, Nase läuft
Hinterteil	sauber	kotverschmiert
Fell	sauber, glänzend	dünn, glanzlos, kahle Stellen
Appetit	isst regelmäßig	ihm schmeckt nichts mehr, wird dünner

In der Natur nützen sich die Krallen ab und bleiben stets kurz. In der Wohnung gibt es dazu kaum Gelegenheit: Die Krallen werden zu lang. Krallenschneiden ist schwierig, dazu braucht man viel Erfahrung, sonst tut man den Tieren weh. Bitte deinen Tierarzt, dies für dich zu tun.

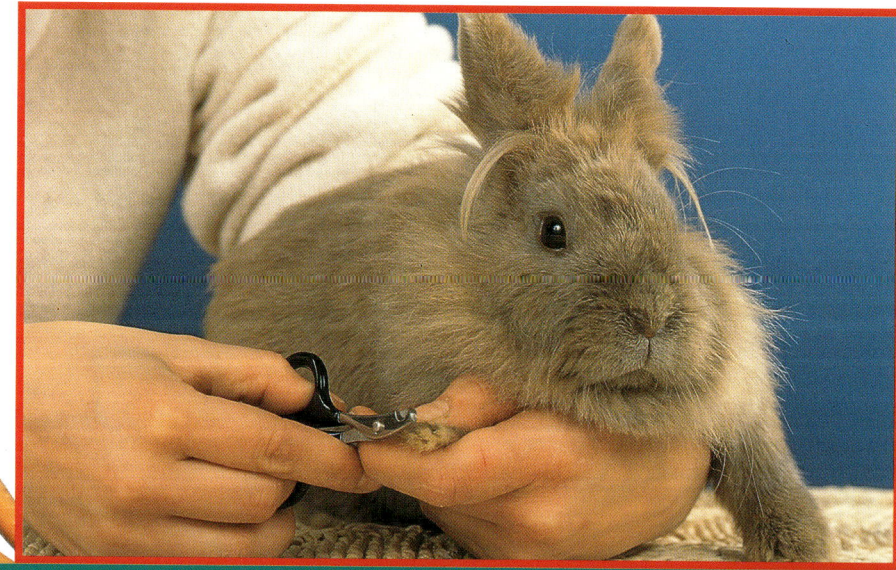

So bleiben deine Zwerge gesund

Zwerge werden selten krank. Beobachte sie genau, dann siehst du sofort, wenn ihnen etwas fehlt. Wenn du eine Veränderung bemerkst, solltest du mit ihnen zum Tierarzt gehen.

➡ Die Zähne deiner Kaninchen wachsen ständig weiter. Leg ihnen daher immer frische Äste zum Nagen in den Käfig. So bleiben die Zähne kurz und scharf.

➡ Wenn du einen Lava- oder Ziegelstein in den Käfig legst, scharren die Zwergkaninchen darauf herum und nutzen ihre Krallen stärker ab.

Tierarzt-Adresse

....

Straße

....

Wohnort

....

Telefonnummer

Wie clever
sind meine Zwerge?

Wenn es um Futter geht, sind Zwergkaninchen mächtig schlau. Das kannst du
leicht ausprobieren. Wenn der Trick aber
nicht gleich klappt, hab Geduld. Irgend-
wann wird dir dein Zwerg schon zeigen,
wie clever er ist.

➡ Wahrscheinlich wird dein
Zwerg bald kommen und
an der Kiste schnuppern.

➡ Verstecke eine Möhre
unter einer leichten Kiste
oder Schachtel.

➡️ Wenn er es nicht gleich schafft, die Kiste wegzuschieben, darfst du ihm ruhig etwas helfen.

➡️ Jetzt genießt dein Zwerg seine verdiente Belohnung.

Urlaub mit den Zwergen

Endlich Ferien! Wenn du in Urlaub fährst, musst du auch an deine Zwergkaninchen denken. Was brauchen sie? Was musst du für sie vorbereiten?

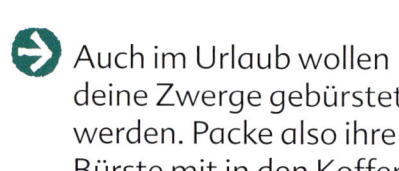

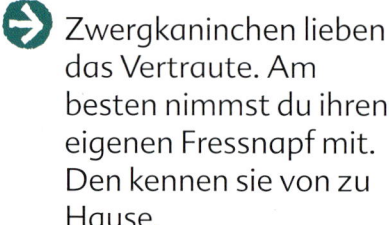 Zwergkaninchen lieben das Vertraute. Am besten nimmst du ihren eigenen Fressnapf mit. Den kennen sie von zu Hause.

Auch im Urlaub wollen deine Zwerge gebürstet werden. Packe also ihre Bürste mit in den Koffer.

Die Zwerge bleiben daheim

Nicht immer kannst du deine Zwergkaninchen mitnehmen. Bei Freunden oder beim Zoofachhändler sind deine Tiere für den Urlaub gut und sicher aufgehoben.

➡️ Frisches Obst und Gemüse gibt es überall. Du solltest aber den Futterautomaten und ausreichend Fertigfutter mitnehmen, damit deine Zwerge ihre gewohnte Nahrung bekommen.

Achtung!
Bevor du irgendetwas planst, erkundige dich danach, ob du die Zwergkaninchen mit in das Urlaubsland und in das Hotel nehmen darfst!

➡️ Wenn du deine Zwergkaninchen mit in den Urlaub nehmen möchtest, brauchst du unbedingt einen stabilen Transportkäfig. Sonst wäre die Reise viel zu gefährlich für deine Tiere. Achte darauf, dass deine Zwerge keine Zugluft bekommen und dass es im Auto nicht zu heiß ist.

39

Lauter Kaninchen

Die Menschen haben aus dem wilden Kaninchen verschiedene Rassen gezüchtet. Einige davon findest du hier auf dieser Seite.

→ Hermelinkaninchen

→ Angorakaninchen

→ Wildkaninchen

Deine Zwergkaninchen

 Russe

→ Löwenkopf

Meine Zwerge und ich

Sicher hast du schon viele schöne und lustige Erlebnisse mit deinen Zwergen gehabt. Ihr kennt euch nun gut und seid prima Freunde geworden. Hier kannst du alles eintragen und hinmalen, was dir zu deinen Zwerg-kaninchen einfällt.

Kannst du deine Zwergkaninchen zeichnen?

Darum mag ich meine
Zwergkaninchen

➔ Weil sie so niedlich sind?

➔ Weil ich so schön mit ihnen spielen kann?

➔ Weil sie immer so freund-lich sind?

➔ Weil sie so lustig herum-hoppeln?

➔ Weil sie immer da sind, wenn ich sie brauche?

➔ Weil sie sich so schön kämmen lassen?

➔ Weil sie ....

....

....

....

➔ Weil sie ....

....

....

....

Wie gut versorge ich meine Zwerge?

Klare Sache, du liebst deine Zwergkaninchen und deine Zwerge mögen dich. Hier kannst du beweisen, dass du sie auch richtig versorgst. Kreuz alles an, was deine Zwerge sagen würden, wenn sie sprechen könnten.

Füttern

○ Ich bekomme jeden Tag gesundes, leckeres Gemüse und Heu. (2 P)
○ Mein Wasser wird regelmäßig nachgefüllt und schmeckt immer frisch. (2 P)
○ Ich fresse jeden Tag zur selben Zeit. (1 P)

Spielen

○ Ich habe Spielzeug, das mir ganz allein gehört. (1 P)
○ Ab und zu darf ich Sport treiben. Dann klettere ich über Treppen und laufe im Zimmer herum. (2 P)
○ Wir probieren immer wieder neue Spiele aus. (1 P)

Mmmh lecker!

Freundschaft

○ Wenn ich etwas Nettes mache, werde ich immer gelobt und gestreichelt. (2 P)

○ In meinem Zimmer ist nie Krach. So fühle ich mich wohl. (2 P)

○ Wenn ich keine Lust zum Spielen habe, lässt man mich in Ruhe. (2 P)

Pflege

○ Ich werde jeden Tag gekämmt und gebürstet. (1 P)

○ Dabei werden regelmäßig meine Augen, Nase und mein Fell kontrolliert. (2 P)

Schlafen

○ Ich habe eine wunderbar kuschelige Schlafhöhle. (2 P)

○ Wenn ich meine Ruhe haben möchte, stört mich niemand. (2 P)

Testergebnis

22 Punkte:
Super! Du bist der perfekte Zwergkaninchenhalter.

19 Punkte und mehr:
Dein Zwerg darf mit dir zufrieden sein. Du bist ihm ein liebevoller Freund.

16 Punkte und weniger:
Nicht schlecht, aber du darfst dich ruhig noch etwas anstrengen. Lies einfach noch einmal in diesem Buch nach.

Bildnachweis

Juniors Bildarchiv (3: S. 12u, S. 29, S. 40u); Regina Kuhn (8: Vorsatz, Nachsatz, S. 19, 23u, 26m, 30, 33l, 35r); Christof Salata / Kosmos (32: S. 8o, 12l, 12r, 13lo, 13ro, 14l, 14r, 15lo, 15ro, 18, 20, 21, 22o, 26l, 27, 28, 33o, 35l, 36, 37, 38o, 39o, 39ur, 42); Ulrike Schanz (14: S. 4, 8u, 10, 11, 15u, 17, 32, 34, 38m, 40l, 40o, 41, 44)

Cartoon-Zwerg Krümel wurde von Peter Pfeiffer gezeichnet, alle anderen Illustrationen stammen von Milada Krautmann.

Impressum

Umschlaggestaltung von eStudio Calamar, unter Verwendung eines Farbfotos von Christof Salata / Kosmos.

Mit 56 Farbfotos und 18 Farbzeichnungen.

Die Deutsche Bibliothek — CIP-Einheitsaufnahme

Ein Titelsatz für diese Publikation ist bei der Deutschen Bibliothek erhältlich.

© 2001, Franckh-Kosmos Verlags-GmbH & Co., Stuttgart
Alle Rechte vorbehalten
ISBN 3-440-07810-8
Gestaltungskonzept und Satz: eStudio Calamar
Printed in Italy / Imprimé en Italie
Druck und Buchbinder: Printer Trento s.r.l., Trento

Informationen senden wir Ihnen gerne zu

Bücher · Kalender · Spiele · Experimentierkästen · CDs · Videos · Seminare
Natur · Garten & Zimmerpflanzen · Heimtiere · Pferde & Reiten · Astronomie ·
Angeln & Jagd · Eisenbahn & Nutzfahrzeuge · Kinder & Jugend

KOSMOS Postfach 10 60 11
D-70049 Stuttgart
TELEFON +49 (0)711-2191-0
FAX +49 (0)711-2191-422
WEB www.kosmos.de
E-MAIL info@kosmos.de

Danke
Verlag und Autor bedanken sich bei Herrn Peter Beck, Sachverständiger für Heimtiere, für die fachliche Durchsicht des Buches.